AF219105

Kapstadt

Reiseführer

Der perfekte Reiseführer für einen unvergesslichen Aufenthalt in Kapstadt inkl. Insider-Tipps, Tipps zum Geldsparen und Packliste

Anja Bachwald

✈ INHALT

Das erwartet Sie in diesem Buch

Sie möchten eine unvergessliche Reise in den europäischen Traum von Afrika wagen? Dann fliegen Sie nach Kapstadt! In diesem Buch erfahren Sie alles Wichtige, was Sie vor der eigenen Entdeckung der faszinierenden Hafenstadt an der Südwestküste Südafrikas wissen sollten. Erleben Sie den beeindruckenden Tafelberg, der Ihnen einen Panoramablick über die ganze Stadt bietet, besuchen Sie die kleinen, süßen Pinguine am Boulder's Beach, freuen Sie sich auf die Erkundung von Robben Island und werfen Sie einen Blick in die Zelle, in der Nelson Mandela ganze 27 Jahre in Haft gesessen hat, da er sich für Gerechtigkeit einsetzte. Entspannen Sie einen Tag am Strand in Camps Bay und besuchen Sie zahlreiche Museen im Herzen von Kapstadt, um mehr über die Vergangenheit der Stadt zu erfahren. Erfahren Sie wertvolle Insider-Tipps zu atemberaubenden Übernachtungsmöglichkeiten oder einfachen Appartements für den kleinen Geldbeutel.

Für einen schönen Restaurantbesuch hält dieser Reiseführer ebenfalls Tipps für Sie parat. Kapstadt lässt sich nicht in einem Satz beschreiben oder auf nur einen Nenner bringen. Die Vielfalt dieser Stadt ist abenteuerlich und ihre Unterschiede machen nachdenklich. Besucher fliegen mit einem breiten Lächeln im Gesicht zurück, bereichert von so vielen verschiedenen Erfahrungen, dass man Zuhause noch monatelang alle, die es hören wollen oder auch nicht, mit Reisegeschichten unterhalten kann. Starten Sie noch heute mit den Überlegungen, welche Attraktionen Ihnen wichtig sind, die Sie in Kapstadt erleben möchten. Für Kapstadt sollte man mindestens fünf Tage einplanen, die mit einem Fingerschnippen um sein werden. Vergessen Sie allerdings nicht die zahlreiche Ziele in der Umgebung Kapstadts. Das legendäre Kap der Guten Hoffnung gehört zum Pflichtprogramm. Genauso wie Stellenbosch mit ihren Winelands und Franschhoek, das Dorf, indem Sie automatisch zu einem Genießer werden. Oder auch Hermanus, welches im südafrikanischen Winter das zweite Zuhause der südlichen Glatt- und Buckelwale wird. Genießen Sie auf einer einsamen Parkbank den Blick auf den Ozean und beobachten Sie die Wale, wie sie ihren Neugeborenen die ersten Wege im Meer zeigen. Für Abenteuerlustige besteht die Möglichkeit, sich den Traum zu erfüllen, endlich einmal einen Weißen Hai zu sichten oder ihm sogar von Angesicht zu Angesicht in die Augen zu schauen. Vielleicht möchten Sie die Städtereise auch mit einer Safari kombinieren, wir stellen Ihnen ebenfalls den Addo Nationalpark und seine Bewohner vor, genauso, wie Sie dorthin von Kapstadt am besten anreisen. Tauchen Sie nun ein in die wunderbare Welt Kapstadts.

Der europäische Traum von Afrika

Kapstadt ist ein europäischer Traum von Afrika, der sich seit dem 17. Jahrhundert dauernd weiterentwickelt hat. Die koloniale Herkunft der Stadt zeigt sich überall, es steckt in der Stadtplanung und in den Gesichtern der Bewohner. In Kapstadt leben mehr Weiße als in jeder anderen Großstadt in Südafrika. Die Menschen dort lieben das Leben am Meer und sprühen Naturverrücktheit und Sportbegeisterung nur so aus. Vor allem aber ist es eine multikulturelle Stadt, in der jeder eine faszinierende, manchmal auch herzzerreißende Geschichte zu erzählen hat. Kapstadt bietet sehr viel. Nicht zu übersehen ist der abgeflachte Tafelberg mit zahlreichen Wanderwegen. Sie können mit einer Seilbahn hinauffahren und es gibt die Möglichkeit, sich von Profis begleitet abzuseilen. Des Weiteren gibt es schöne Strände, einige Weingüter in der Umgebung, die Victoria & Albert Waterfront und Robben Island. Neben diesem natürlichen Charme profitiert die Stadt von vielen unterschiedlichen Restaurants, Lebensmittelmärkten und Parks. Das ist auch der Grund, warum immer mehr Prominenz in Kapstadt heimisch wird. Mit etwas Glück begegnen Sie einer Prominenz wie Zac Efron oder Leonardo Di Caprio.

SEHENSWERTES

Kapstadts Geschäftszentrum, die „City Bowl", liegt zwischen dem Tafelberg und den Vierteln Bo-Kaap im Westen, Gardens im Süden und East City. Bei einer Fahrt entlang der Atlantikküste Richtung Westen kommt man zunächst zur Waterfront und Sea Point. Von Sea Point, wo es einen ausgezeichneten

Badepavillon im Freien gibt, geht es hinunter nach Camps Bay. Anschließend führt die Straße in einer aufregenden Fahrt die Küste entlang zum Fischerort Hout Bay. Dieser besitzt einen schönen Strand und einen Hafen, von dem aus verschiedene Bootsausflüge möglich sind. Die Stadt dehnt sich weiträumig nach Norden und nach Osten über die Cape Flats aus. Im Süden erstrecken sich rund um die östliche Flanke der Berge die grünen, wohlhabenden Vororte. Neben dem großen Teil des Table Mountain National Park, der das Kap der Guten Hoffnung einnimmt, liegt an der Südspitze der Halbinsel außerdem die kleine Küstengemeinde Simon's Town. Der Hafen von Simon's Town ist der wichtigste der südafrikanischen Marine.

Der Tafelberg Nationalpark

Vom Signal Hill bis Cape Point erstreckt sich der 220 km² große Nationalpark, der zu den Naturwundern des Landes zählt. Die Landschaft ist abwechslungsreich, es gibt Granit- und Sandsteingebirge, mit riesigen Felsbrocken übersäte Strände und schattige, dunkle Wälder. Für die meisten Besucher ist die Hauptattraktion der 1086 m hohe Tafelberg, dessen Gipfel mit einer Seilbahn leicht zu erreichen ist.

Diese fährt in der Hauptsaison (September – Juni) alle zehn Minuten, in der Nebensaison (Juli – August) alle 20 Minuten. Betonwege führen von der oberen Seilbahnstation zum Restaurant, zum kleinen Laden, in dem Sie Andenken oder Mitbringsel für Ihre Liebsten erwerben können, und zu verschiedenen Aussichtsterrassen. Geführte Touren über das Plateau des Tafelberges starten ebenfalls täglich neben der oberen Seilbahnstation kostenlos, da diese von Freiwilligen durchgeführt werden. Der Tafelberg ist somit auch für Rollstuhlfahrer bequem zu erkunden.

Um den eigentlich 1088 m hohen Gipfel des Berges zu erreichen, folgt man dem Weg zum Maclear's Beacon. Für den etwa 5 km langen Rundweg braucht man rund eine Stunde. Bei tiefhängenden Wolken oder Nebel auf dem Berg sollte man auf diese Route verzichten, weil man sich hier sehr schnell verläuft. Apropos Wolken und Nebel: Haben Sie sich schon mal die Frage gestellt, warum der Tafelberg eigentlich Tafelberg heißt? Die tiefhängenden Wolken und der Nebel sind keine Seltenheit. Das flache Plateau des Tafelberges sieht aus wie ein gerader Tisch über der imposanten Großstadt. Durch die häufig aufkommenden Wolken und den Nebel sieht diese

Fläche aus wie eine mit weißer Tischdecke gedeckte Kaffeetafel. Aus diesem Grund hat der Tafelberg seinen Namen erhalten. Der Tafelberg Nationalpark ist von unzähligen Wanderwegen durchzogen, es gibt sowohl einfache Spaziergänge als auch extreme Klettertouren für Sportler. Für einige Teile des Nationalparks wird eine Eintrittsgebühr verlangt, nämlich für die Pinguine am Boulder's Beach, für „Cape of Good Hope" und Tokai. Auf allen anderen Wegen darf man kostenlos wandern. Die Beschilderung ist häufig sehr verwirrend und alles andere als verständlich. Selbst mit einer Wanderkarte kann man sich leicht verlaufen. Daher tragen Sie sich unbedingt in die Wanderliste, die am Eingang ausgehängt ist, ein oder heuern Sie bei Unsicherheit lieber einen lokalen Wanderführer vor Ort an.

„Herz" Kapstadts
Das „Herz" Kapstadts mit vielen historischen Sehenswürdigkeiten erkundet man am besten fußläufig. Die Adderley Street ist die Hauptstraße in Kapstadt. Die Government Avenue führt durch einen wunderschönen, botanischen Garten. Hier gibt es zahlreiche Obst- und Gemüsegärten, die zum Verweilen einladen. Des Weiteren sollten Sie sich das

House of Parliament und das Tuynhuys (heute Residenz des Staatspräsidenten), welches 1751 erbaut wurde, anschauen. Wer sich für Kunst und Geschichte interessiert, sollte die „South African National Art Gallery" und das „South African Museum" besuchen.

Das Museum ist täglich ab 10:00 Uhr bis 17:00 Uhr geöffnet.

Denkmäler und Museen gibt es in Kapstadt unzählige, hier nur eine kleine Auswahl: Das „Castle of Good Hope" war die Residenz der ersten Gouverneure am Kap. Die Burg wurde 1666 durch menschliche und körperliche Arbeit zum Schutz der ersten Siedler erbaut. Heute ist sie das älteste Gebäude Südafrikas. Vielleicht spüren Sie ein paar Geister auf. Man sagt: „Die Geister von Gefangenen spuken angeblich noch heute ab und zu durchs Gemäuer". In den Seitenflügeln der Festung befinden sich einige kleine Museen (Militärgeschichte, Sammlungen von Möbeln und Malereien, wechselnde Ausstellungen) sowie ein Souvenirshop. Ein kleines, schattiges Bistro lädt zu einem Snack – für den Hunger zwischendurch – ein.

Die Burg ist montags – samstags von 09:00 bis

16:00 Uhr geöffnet. Führungen finden hier an den Öffnungstagen 3-mal täglich um 11:00, 12:00 und 14:00 Uhr statt. Der Eintritt kostet 30 Rand.

Im „District Six Museum" erfahren Sie durch eine Fotoausstellung und anderen Überbleibseln mehr über die Zeit der Apartheid und darüber, wie dieser gesamte Stadtteil dem Erdboden gleichgemacht wurde. Am Osthang des Devil's Peak befindet sich das „Rhodes Memorial Denkmal", ein klassisch-griechischer Säulenbau, umgeben von hohen Pinien, von wo Sie einen herrlichen Ausblick auf Kapstadt genießen können. Es gibt schöne Wanderwege und schattige Picknickplätze sowie ein Café.

Die Eintrittspreise der Museen in Kapstadt liegen bei 30 Rand pro Erwachsenen.

Kap der Guten Hoffnung

Das Kap der Guten Hoffnung ist einer der Touristenanziehungspunkte in Südafrika, welcher häufig von Touristen überlaufen ist. Das allgemein Cape Point genannte, 77,5 km² große Gebiet des Table Mountain National Park, zu dem auch das Kap zählt, bietet eine wunderschöne Landschaft, fantastische Spazierwege und hervorragende Gelegenheiten zur Vogelbeobachtung und oft menschenleere Strände, wenn Sie sich weit genug von den Startpunkten der Touristenbusse entfernen. Im Naturreservat wachsen ungefähr 1.100 Fynbos-Pflanzenarten, 30 unterschiedliche Protea- sowie 52 Orchideen- und 139 Erika-Arten, wobei einige der Pflanzen ausschließlich hier zu finden sind. Die beeindruckende Landschaft mit schroffen Klippen, steilen Hängen und Sandbänken ist ein Paradies für Natur- und Wanderfreunde. Folgende Geschichte steckt hinter den bekannten Koordinaten des Kaps: Noch vor vielen Jahren ging die Menschheit davon aus, dass die Erde eine Scheibe sei. Erst im April 1488 entdeckte der portugiesische Seefahrer Bartholomeu Dias, dass das Kap nicht der südlichste Punkt der Scheibe war, sondern dass man dort mit dem Schiff sehr wohl weiterfahren konnte. Es entwickelte sich ein sehr wichtiger Wirtschaftsweg nach Asien. Dies ist der Grund, warum sich heute viele Touristen mit dem Schild der Koordinaten ablichten lassen und das Kap so eine Touristen-Attraktion geworden ist.

Robben Island Museum

Sie möchten eine Gefängnisinsel besuchen? Dann besuchen Sie Robben Island. Die 6,9 km vom nächstgelegenen Küstenabschnitt entfernte Insel ist auf jeden

Fall einen Ausflug wert. Von den Anfangstagen der niederländischen Ostindien-Kompanie bis 1996 wurde die Insel in der Tafelbucht als Gefängnis genutzt. Heute ist die UNESCO Welterbestätte eine Gedenkstätte für all jene politischen Gefangenen, die, wie Nelson Mandela, viele Jahre hier eingekerkert waren. Nelson Mandela hatte sich seit 1944 als Politiker gegen die Apartheidpolitik engagiert.

Aufgrund seiner Reden und Demonstrationen als Kämpfer für Freiheit und gegen Unterdrückung und soziale Ungerechtigkeit anderer in Bezug auf dunkelhäutige Menschen wurde er 1963 verhaftet und auf Robben Island eingesperrt. 27 Jahre, bis 1990, hat Nelson Mandela in einer Zelle auf Robben Island verbracht. Man sagt: „Mandela war der wichtigste Aktivist des Übergangs von der Apartheid zu einem demokratischen Staatswesen in Südafrika." Noch heute ist Südafrika ein gleichorientierter Staat. 1993 erhielt Mandela dafür den Friedensnobelpreis. Nelson Mandela war für viele Menschen bereits früher ein großes Vorbild und ist dies auch heute noch. Die Zelle, in der Nelson Mandela 27 Jahre in Haft gesessen hat, können Sie sehen und sogar einen Fuß hineinsetzen. Ein Besuch der Gefängnisinsel ist nur im Rahmen einer Führung möglich. Die Führungen werden sehr lebhaft von ehemals selbst inhaftierten Politikern persönlich durchgeführt. Sie dauern – einschließlich der Überfahrt – ungefähr vier Stunden und starten am Nelson Mandela Gateway neben dem Clock Tower an der Waterfront. Interessenten sollten sich unbedingt weit im Voraus online anmelden, denn die Touren sind häufig ausgebucht. Die Überfahrt ist täglich von 09:00 – 20:00 Uhr möglich.

Lion's Head

Der 700 m hohe Löwenkopf ist die sog. „kleine Schwester" des Tafelberges. Die Wanderung beginnt erst gemächlich und wird dann abenteuerlich. Einmal im Monat ist es möglich, diesen Berg auch im Mondschein zu erklimmen. Packen Sie in Ihre Tasche oder Ihren Rucksack Ihre Stirnlampe, leckere Snacks, eine Decke und einen köstlichen Wein und schauen Sie unter dem Sternenhimmel auf Kapstadt. Vergessen Sie nicht, vorher den Weg zu recherchieren, genaue Wegweiser sind auch dort, wie auf dem Tafelberg, eher Mangelware. Vom Lion's Head haben Sie, im Gegensatz zu dem benachbarten großen Tafelberg, eine 360 Grad Aussicht. Wolken und Nebel begleiten den Lion's Head sehr selten. Eine Seilbahn führt Sie allerdings nicht zur Bergspitze des Lion's Head. Bei gutem Wetter und etwas Wind ist ebenfalls ein Gleitschirmsprung von der Bergspitze des Lion's Head möglich. Sie können aber auch den Abenteuerlustigen einfach von einer Parkbank von oben zusehen, wie sie nach unten in die Stadt segeln.

Kirstenbosch National Botanical Gardens

Auf der östlichen Seite des Tafelbergs zwischen 100 und 1000 Metern Höhe liegen die botanischen Gärten. Dank ihrer Lage und der einzigartigen, in Südafrika heimischen Flora zählt der 52.800 km² große Botanische Garten „Kirstenbosch" zu den schönsten seiner Art weltweit. Am Haupteingang auf der Newland-Seite befinden sich ein Informationszentrum, ein ausgezeichneter Souvenirshop und das Gewächshaus. Zum 100-jährigen Bestehen 2013 erhielt der botanische Garten einen Baumwipfelpfad, inoffiziell auch Baumschlange genannt. Dabei handelt es sich um eine 130 m lange, kurvenreiche Brücke aus Holz und Stahl, die durch die Bäume führt und eine ganz neue Perspektive auf die Anlage bietet. Nach dem Spaziergang durch den Garten können Sie auf einer der vielen Grasflächen entspannen und ein selbst mitgebrachtes Picknick genießen.

Alternativ können Sie auch im Teehaus oder im afrikanischen moyo-Restaurant in Kirstenbosch einkehren.

Camps Bay

An einem sonnig-warmen Tag lohnt sich ein Ausflug ins nahegelegene Camps Bay. Camps Bay ist ein Vorort von Kapstadt, der als hübsch und sehr populär bezeichnet wird.

Camps Bay hat ein ausgeprägtes Strandleben, das an heißen Tagen an Copacabana und Ipanema in Brasilien erinnert. An den Wochenenden und zu Ferienzeiten ist der weiße, feinsandige Strand vor allem bei jungen Leuten sehr beliebt. Im Sommer kann hier super gebadet werden und die Einheimischen brauchen nicht zu verreisen, um einen großartigen Urlaub zu erleben. Die Strandpromenade von Camps Bay weist viele Cafés, Discos und Restaurants auf und gilt als „trendy". Zu den besten und beliebtesten Restaurants im Camps Bay zählen „Umi" (Japanisch) und „Blues" (mediterrane Küche).

Ein Abstecher zum kilometerlangen Sandstrand von Table View, der mit seinem Bilderbuchpanorama auf den Tafelberg verzaubert, oder ein Helikopter-Rundflug über Kapstadt runden Ihren

Kapstadt-Besuch ab und werden die Reise für Sie unvergesslich machen. Der 12-minütige „Hopper" Rundflug kostet 1.300 Rand pro Person. Da diese Aktivität stark wetterabhängig ist, empfiehlt sich eine rechtzeitige Vorbuchung, sodass dieses Vergnügen an einem der Tage in Kapstadt garantiert werden kann. Genießen Sie den Ausblick bei diesem einmaligen Erlebnis.

Bo-Kaap (Malay Quarter)

Wenn Sie schon bei der Anreise auf der linken Seite vor Kapstadt kleine, bunte Häuser sehen, fragen Sie sich bestimmt, was es mit diesen auf sich hat? Es sind die Bo-Kaap-Häuser, die von befreiten Sklaven als Denkanstoß erbaut wurden. Die Familien und Nachfahren leben noch immer in diesem Stadtviertel. Die Geschichte der Bo-Kaap-Häuser wird im Bo-Kaap-Museum in der Wale Street erzählt. Das Museum zählt zu den ältesten Häusern im Bo-Kaap, ist wie ein muslimisches Haus des 19. Jahrhunderts eingerichtet und dokumentiert die Geschichte des Viertels. Das Museum ist Montag bis Samstag von 10:00 bis 17:00 Uhr geöffnet. Der Eintritt beträgt 20 Rand pro Erwachsenen. Die beste Tageszeit für einen Spaziergang durch das Bo-Kaap-Viertel ist zwischen

10:00 Uhr und 12:00 Uhr, wenn der Stand der Sonne die Farbintensität der Häuser am besten hervorbringt.

Tipp: Bei der Teilnahme an der „Bo-Kaap Cooking Tour" geht es in einer Gruppe von maximal 12 Personen gemeinsam mit einer ortskundigen Begleitung ins Herz des farbenfrohen Malaien-Viertels. Während eines rund halbstündigen Spaziergangs besuchen Sie einen Gewürzladen und erfahren Interessantes über die Geschichte der Kapmalaien, deren Religion, Essgewohnheiten und einzigartige Küche. Der Spaziergang führt zum Haus von Zainie Misbach, die auf über 30 Jahre Kocherfahrung zurückblickt und Ihnen einige Geheimnisse der malaiischen Küche offenbart. Hier legen Sie selbst Hand an und lernen, wie man Samoosas richtig faltet, Rooti herstellt und das perfekte Masala für ein echtes kapmalaiisches Curry mischt. Der Höhepunkt der Tour ist das gemeinsame Mittagessen, bei dem Sie die Ergebnisse Ihres Kochkurses genießen und Anekdoten aus dem Leben im Bo-Kaap lauschen können. Die Bo-Kaap Cooking Tour inklusive Kochkurs wird dienstags bis donnerstags bei einer Mindestteilnehmerzahl von 3 Personen angeboten. Die Tour startet um

10:30 Uhr, dauert ca. 3 Stunden und kostet 750 Rand pro Person.

Victoria & Alfred Waterfront

Kapstadts historischer, aber nach wie vor genutzter, Hafen besticht vor allem durch seine spektakuläre Lage. Hier findet man viele historische Sehenswürdigkeiten, wie den Startpunkt zum Ausflug nach Robben Island, Unmengen von Läden, Restaurants, Bars und Kinos. Wer möchte, kann auch von hier zu einer Hafenrundfahrt starten. Victoria and Alfred Waterfront, benannt nach Königin Victoria und ihrem Sohn Alfred, wurde 1860 angelegt. Für moderne Containerschiffe und Tanker sind sie zu klein, aber das Victoria Basin wird noch immer von Schleppern, Fischerbooten und verschiedenen anderen Wasserfahrzeugen genutzt. Im Alfred Basin werden die Schiffe repariert. Victoria Wharf lädt zum Bummeln ein. 240 Geschäfte sind hier heimisch und es wird eine ganze Menge geboten – von Haushaltswaren und Designerkleidung bis hin zu Accessoires und Andenken. Für die Luxus-Shopper gibt es ebenfalls Antiquitätengeschäfte, Kunstgalerien und hochwertige Juweliere zu finden. Auch zwei große Kunst- und Handwerksmärkte, unzählige Bistros, Restaurants und Tavernen für den leeren Magen warten hier auf Sie. Einzigartige Hotels, die aber auch kostenintensiv sind, stehen Ihnen ebenfalls zur Verfügung. Abends wird in vielen Lokalen Livemusik geboten. Bei Regen können Sie auch hier in die sensationelle Unterwasserwelt des Two Ocean Aquariums abtauchen. Das Aquarium hat täglich von 09:30 – 18:00 Uhr geöffnet. Der Eintritt kostet 150 Rand.

ESSEN & TRINKEN

Sie wissen nun, was Sie in Kapstadt alles sehen und erleben können. Dafür brauchen Sie allerdings eine ganze Menge Energie. Im Nachfolgenden finden Sie einige gute Adressen und Tipps für einen schönen Abend.

Grand Café Beach

Nur wenige Fußminuten von der V & A Waterfront entfernt befindet sich das erstklassige Strandrestaurant „Grand African Café & Beach", ein beliebter Treffpunkt der betuchten Kapstädter Szene. Vor dem Hintergrund vor Anker gegangener Jachten bietet das Restaurant für jeden Geschmack etwas. Ob Pizzabrote, Fischgerichte, saftige Steaks bis hin zum leckeren Nachtisch finden Sie bestimmt etwas nach Ihrem Geschmack. Alternativ lassen Sie sich bequem und barfuß im Sand auf Couches oder Liegen nieder und genießen Sie einen guten Cocktail vor traumhafter Kulisse.

Gold Restaurant

An einem der Abende in Kapstadt sollten Sie in ein südafrikanisches Restaurant in der Innenstadt einkehren, wie z. B. dem „Gold Restaurant" in Green Point. Im Gold Restaurant werden Ihnen nicht nur ausgefallene afrikanische Gerichte serviert, sondern Sie kommen zusätzlich in den Genuss afrikanischer Tanzaufführungen mit Gesang. Wer möchte, kommt etwas früher und nimmt an einem halbstündigen Trommelkurs teil. Das Abendessen besteht aus 14 kleinen Gerichten aus verschiedenen afrikanischen Ländern, wobei die kapmalaiische Küche überwiegt. Das Gold Restaurant hat täglich ab 19:00 Uhr geöffnet. Der Preis pro Person beträgt 375 plus 10 % Trinkgeld. Der Trommelkurs kostet 95 Rand pro Person und beginnt 18:30 Uhr, Sie sollten rund 15 Minuten eher eintreffen.

Chef's Warehouse & Canteen

Die kleinen Gerichte von Chefkoch Liam Tomlin und seinem talentierten Küchenteam sind ebenso köstlich wie vielfältig. Geschmacklich geht es rund um die Welt vom Tintenfisch mit pikanten vietnamesischen Salat bis zum köstlichen Coq au vin. Reservierungen sind hier leider nicht möglich. Für alle, die keinen Platz ergattern, gibt es die Take-Away-Luke Street Food unter der offenen Veranda. Der Weg ist also auf keinen Fall umsonst.

Hallelujah

Emma Hoffmans ist die talentierte junge Chefin des Flamingo-mäßig dekorierten Lokals. Eine Reservierung ist nur für Tische ab vier bis sechs Personen möglich; für Laufkundschaft gibt es Plätze an der Theke. Die Gäste können sich durch die kurze Karte kleiner Gerichte hindurcharbeiten, darunter gegrillte Garnelen in gedämpften Klößen, Ente und kalte Soba-Nudeln und ein pikanter Salat mit grüner Papaya. Die Location befindet sich in dem Stadtviertel Tamboerskloof. Montag und Dienstag ist Ruhetag.

Ferdinando's

Für die bezaubernde „secret pizza parla", die sich die Räumlichkeiten mit der Blah Blah Bar teilt, sollte man reservieren. Diego ist der Pizza-Maestro und Kiki der temperamentvolle Wirt und kreative Künstler, während ihre hinreißende Promenadenmischung Ferdinando alle auf Linie hält. Die Beläge für die fantastischen, knusprigen Pizzen mit dünnen Böden wechseln mit dem saisonalen Angebot. Steigen Sie aus dem Bus in Welgemeend aus. Von Mittwoch – Sonntag können Sie hier in gemütlicher Atmosphäre die leckeren Pizzen genießen.

La Mouette

Ein gutes Preis-Leistung Verhältnis finden Sie im La Mouette am Sea Point. Gut zubereitete Klassiker wie Bouillabaisse und Angelfisch und einfallsreiche neue Gerichte, wie Salz- und Pfeffer Garnelen mit Chorizo-Popcorn, sorgen für ein herausragendes, kulinarisches Erlebnis. Ein besonderer Genuss ist es, im begrünten Innenhof unter freiem Himmel neben dem sprudelnden Springbrunnen zu essen.

La Colombe

Das berühmte Constantia-Restaurant hat einen neuen Standort auf dem Silvermist-Anwesen, aber das ist auch weitgehend alles, was sich geändert hat. Der britische Küchenchef Scot Kirton bereitet mit viel Erfahrung Gerichte zu, die französische und asiatische Kochtechniken und Geschmacksrichtungen vereinen, zum Beispiel Risotto von geräucherten Tomaten und sautierte Muscheln. Das kühl-elegante Flair und der freundliche Service könnten nicht besser sein.

EINKAUFEN

Am besten reist man mit leeren Koffern an, denn die Wahrscheinlichkeit ist groß, dass man Kapstadt mit vielen Andenken typisch afrikanisch wieder verlässt.

South African Market

Der großzügige Loft über dem La Parada ist eine einmalige Präsentationsfläche für einheimische Designtalente quer durch die Bereiche Mode, Schmuck, Haushaltswaren, Büromaterial und Kunst. Es gibt eine erlesene Auswahl an Damen- und Herrenbekleidung. Ebenfalls Kinderbekleidung mit süßen, tierischen Motiven sind dort erhältlich. Den Markt erreicht man im Stadtviertel „City Bowl" an den Tagen

Montag bis Samstag zwischen 09:00 und 17:00 Uhr.

African Store Music

Die Bandbreite der hier erhältlichen südafrikanischen Musik, wie Kwaito, eine Form der Township Musik, Jazz, Tanz- und Tranceaufnahmen, ist unübertroffen. Die Mitarbeiter sind sehr kompetent und kennen sich in der lokalen Musikszene hervorragend aus. Verkauft werden auch DVDs und andere Souvenirs.

Streetwires

Das Motto hier lautet: Wir basteln wirklich alles, das man aus Draht basteln kann. Wer das Sozialprojekt besucht, das nachhaltige Arbeitsplätze schaffen will, und den Drahtskulptur-Künstlern bei der Arbeit zusieht, versteht auch, was das bedeutet! Zum verblüffenden Sortiment gehören beispielsweise funktionsfähige Radios, Kronleuchter und lebensgroße Tiere.

Africa Nova

Eine stilvolle, attraktive Kollektion moderner afrikanischer Textilien, Kunst und Kunsthandwerk. Zu finden sind hier Stoffe mit Kartoffeldruck, die von Frauen in Hout Bay hergestellt werden. Hausgemachte Filzsteinkissen und eine schöne Auswahl an

Keramik und Schmuck findet man hier auch schon für den kleinen Geldbeutel. Die Ausstellung ist an der Waterkant täglich geöffnet.

Neighbourgoods Market

Die Kapstädter lieben ihre Wochenmärkte. Der erste und immer noch beste unter den Wochenmärkten für handwerklich erzeugte Waren, die sich inzwischen überall auf dem Kap etabliert haben, ist der Neighbourgoods Market. Essen und Getränke gibt es im Hauptbereich, in dem man Lebensmittel und Gourmet Leckereien kaufen oder einfach probieren kann. Im separaten Bereich für Designerartikel werden Mode und Accessoires aus der Region verkauft – das sollte man auf keinen Fall verpassen. Wer sich nicht so gern durch die Massen schiebt, kommt am besten früh am Morgen, da es nachmittags immer sehr überlaufen ist.

FREIZEIT & SPORT

Sightseeing-Tour "Hop-On-Hop-Off"-Bus

Erkunden Sie Kapstadt auf einer Sightseeing-Tour im "Hop-On-Hop-Off"-Bus. Sie fahren in einem roten Doppeldeckerbus, den Sie wahrscheinlich aus London kennen, durch die Stadt. Sie haben sogar die Möglichkeit, oben im offenen Doppeldeckerbus zu sitzen und während der Fahrt den Wind zu genießen. Das Besondere an dieser Sightseeing-Tour ist, dass Sie an jeder Haltestelle aus- und auch wieder einstiegen können. Wichtig ist nur, dass Sie immer Ihr Ticket vorzeigen können, welches Sie bei der ersten Station gekauft haben. So haben Sie die Möglichkeit, sich individuell, je nach verfügbarer Zeit, die einzelnen Sehenswürdigkeiten anzusehen. Eine Karte zur Übersicht wird Ihnen ebenfalls, gemeinsam mit dem Ticket, ausgehändigt. Genauso wie Kopfhörer, die Sie bei jedem Sitz einstöpseln können. Mit Hilfe dieser Kopfhörer können Sie dem Reiseführer auf vielen unterschiedlichen Sprachen zuhören und Ihre Heimatsprache auswählen. Bei Fragen können Sie sich auch jederzeit an den Reiseleiter im Bus wenden. Mit dieser Tour werden Sie die wichtigsten Sehenswürdigkeiten und Museen von

Kapstadt sehen.

Neben Sightseeing bringt Sie dieser Bus aber auch zu Stränden von Camps Bay oder Clifton, falls Sie einen Nachmittag entspannen möchten.

Die Blaue Route, die „Blue Mini Peninsula Tour", führt Sie bis zum Fischerhafen von Hout Bay und bietet unterwegs eine Wein-Tour nach Constantia sowie eine Township-Tour an (gegen Aufpreis). Insgesamt kann man an 20 Stationen aussteigen, um sich die Umgebung anzuschauen, ein Museum zu besuchen oder aber eine Pause einzulegen und in einem netten Restaurant essen zu gehen. Sie können sich die Fahrt und den Tag mithilfe der Sightseeing-Tour ganz individuell gestalten.

Der Ausgangspunkt der Bustour und der Ticketverkauf sind an der Waterfront an dem Infostand oder an am Two Ocean Aquarium. Ein Erwachsener bezahlt 200 Rand für das Ticket, welches den ganzen Tag gültig ist. Bewahren Sie Ihr Ticket gut auf, denn Sie müssen es an jeder Station, wenn Sie wieder einspringen möchten, vorzeigen.

Tipp: Achten Sie auf Combo-Angebote, falls Sie an einer anschließenden Bootsfahrt im Hafen von Kapstadt interessiert sind. Bei einer Buchung vorab online können Sie verbilligte Sonderangebote nutzen und weitere Angebote finden. Die Online-Buchung hat außerdem den Vorteil, dass Sie die Tour an jeder beliebigen Haltestelle beginnen können.

Wer im Urlaub nicht nur die Seele baumeln lassen, Zeit genießen und den Gaumen verwöhnen, sondern sich auch sportlich aktiv betätigen möchte, ist ebenfalls in Kapstadt richtig. Es gibt eine ganze Menge Veranstalter, bei denen man sich völlig auspowern kann.

Kajakfahren

Der Veranstalter „Kaskazi Kayaks" bietet zweistündige geführte Kajakausflüge von der Three Anchor Bay nach Granger Bay oder Clifton an. Die geführten Touren sind wetterabhängig, werden aber, wenn möglich, immer durchgeführt. Es gibt erstaunliche Ausblicke auf Berge und die Küstenlinie, außerdem kommt man oft Delfinen, Robben und Pinguinen sehr nah. In der Saison von Oktober bis Dezember stehen auch Walsichtungen auf dem Programm. In dieser Jahreszeit kommen einige Wale an die südafrikanische Küste, um ihre Babys zu gebären und großzuziehen.

Radfahren & Mountainbiken

Die Radtouren des Anbieters Downhill Adventures sind etwas für Adrenalinjunkies! Wie wäre es mit einer aufregenden Talfahrt von der untersten Seilbahnstation am Tafelberg? Gemütlicher geht es beim Ausflug in den Tokai Forest oder durch die Weinberge von Constantia Winelands zu. Die Firma verleiht auch Fahrräder, um auf eigene Faust die Stadt oder Umgebung zu erkunden. Der Preis je Rad beträgt, je nach Ausführung, 200 bis 900 Rand für einen Tag.

Reiten

Sleepy Hollow Horse Riding ist ein zuverlässiger Anbieter für Ausritte auf dem Pferderücken über den breiten Sandstrand in Noordhoek oder ins bergige Hinterland. Die zweistündigen Ausritte starten täglich um 09:00, 13:00 und 16:00 Uhr.

Schwimmen & Saunen

Wer sicher im Meer baden möchte, ist grundsätzlich auf der False-Bay-Seite der Halbinsel besser aufgehoben. Dort ist das Wasser normalerweise etwas wärmer als auf der eiskalten Atlantikseite. Für diejenigen, die sich gar nicht ins Meer trauen gibt es ebenfalls noch Alternativen für das kühle Nass. Die hübsch restaurierten Bäder „Long Street Baths" stammen aus dem Jahr 1906 und präsentieren sich mit Wandbildern, die das Leben im Stadtzentrum darstellen. Sie sind beheizt und ebenfalls bei den Einheimischen sehr beliebt. Das Bad hat täglich von 07:00 bis 19:00 Uhr geöffnet. Erwachsene zahlen 5,50 Rand und Kinder 1,50 Rand. Die Dampfbäder sind montags, donnerstags, freitags und samstags von 9 bis 13 Uhr geöffnet.

ÜBERNACHTEN

Walden House

Wenn Sie ein luxuriöses, zentrales Hotel suchen, übernachten Sie im Walden House. Am Fuße des Tafelberges, im gehobenen Kapstädter Wohnviertel Tamboerskloof, befindet sich dieses antike Haus, welches zu einem Hotel umgebaut wurde. Restaurants und Cafés der Kloof Street sind in der Nähe, das Zentrum, die V & A Waterfront und die Strände jeweils 10 Fahrminuten entfernt. Erbaut im Jahr 1900 bietet die Gästevilla auf zwei Etagen verteilt insgesamt sieben elegante und in hellen Farbtönen gehaltene Zimmer mit eigenem Badezimmer. Vier Zimmer bieten einen direkten Zugang zum schönen Garten.

Die große Luxus-Suite verfügt über einen Kamin und hat direkten Zugang zum Balkon mit Bergblick. Zur Innenausstattung aller Zimmer gehören ein Flachbildfernseher, Telefon, Minibar, Klimaanlage, elektronischer Safe und WLAN-Internetzugang. Im Erdgeschoss des Hauses befindet sich eine Gäste-Lounge mit Kamin und Vertrauensbar sowie der Frühstücksbereich. Im Innenhof mit überdachter Außenterrasse finden Sie einen kleinen Pool und Liegestühle zum Entspannen.

Kopanong B & B

Für den kleinen Geldbeutel bietet sich die kleine Pension im Township Khayelitsha an. Die Besitzerin Thope ist eine typisch afrikanische Mama und bedient Ihre Gäste liebevoll und führt Sie auch durch die Hood der Townships.

ANREISE & VERKEHR

Sie können Kapstadt bequem mit dem Flugzeug aus Deutschland bereisen. Von Frankfurt gibt es Direktflüge von knapp 10 Stunden nach Cape Town, aber auch von allen anderen deutschen Flughäfen kann man mit einem Stopp problemlos reisen. Da die beeindruckende Stadt Kapstadt sehr weitläufig ist und trotz ihrer Größe und Moderne kein U- bzw. S-Bahn-Netz besitzt, sollte man sich direkt am Flughafen bequem einen Mietwagen holen.

Wenn Sie die Südafrika Reise mit dem eigenen Mietwagen angehen, herrscht, wie auch in allen EU-Ländern, die allgemeine Gurtpflicht für alle Auto- und Beifahrer. Mit dem Handy dürfen Sie während des Fahrens nur über die Freisprechanlage telefonieren. In Südafrika gilt der Linksverkehr. An den Linksverkehr sollten Sie sich schnell gewöhnt haben, da der Verkehr sehr ordentlich und außerhalb der Großstadt spärlich ist. Südafrika hat in der Regel gut ausgebaute Straßen, außerhalb der Großstadt können gelegentlich Schlaglöcher auftauchen, fahren Sie hier also mit Weitblick und nicht zu schnell.

Die südafrikanischen Autobahnen sind nicht mit den europäischen vergleichbar, es handelt sich hierbei um Nationalstraßen. Die Straßen sind meist 2- bis 3-spurig, an manchen Stellen jedoch auch nur einspurig. Alle diese Autobahnen verfügen über eine Ausweichspur auf der linken Seite, bitte verwechseln Sie diese nicht mit den Standstreifen und halten Sie unter keinen Umständen dort an, sonst könnte es zu einem schlimmen Auffahrunfall kommen. Sollten Sie aufgrund einer Panne anhalten müssen, so fahren Sie besser auf den Grünstreifen neben der Ausweichspur.

Die Höchstgeschwindigkeit auf Nationalstraßen ist 120 km/h. Auf Landstraßen (z. B. R 45 / R 443) dürfen Sie in der Regel maximal 100 km/h fahren und in geschlossenen Ortschaften 60 km/h. Auf den Naturstraßen (Sand-, Salz- und Schotterstraßen) beträgt die Höchstgeschwindigkeit in Südafrika maximal 80 km/h. Zudem ist es keine Seltenheit, dass Personen oder Tiere (z. B. Ziegen oder Rinder) am Straßenrand laufen oder die Straße überqueren, auch auf Nationalstraßen kann dies der Fall sein. Fahren Sie daher stets sehr aufmerksam. Bei 3-spurigen Autobahnen ist zwar die rechte Spur die Überholspur, es kommt jedoch vor, dass von allen Seiten überholt wird. Der südafrikanische Autofahrer ist nicht unbedingt höflich, rechnen Sie bitte nicht damit, dass man Sie die Spur wechseln lässt, wenn Sie blinken, wie Sie es aus Deutschland kennen.

An Stoppstraßen gilt die Regel „wer zuerst kommt, hat Vorfahrt" – es gilt kein links vor rechts oder umgekehrt. Sollten an Ampelkreuzungen die Ampeln nicht in Betrieb sein, dann verhalten Sie sich bitte wie an Stoppstraßen.

Fahren Sie stets frühzeitig los, um nie unter Zeitdruck zu geraten (z. B. Sonnenuntergang). Für Pausen sind Tankstellen und Rastplätze oder Restaurants zu empfehlen, keine einsamen Picknickplätze am Straßenrand.

Bitte sein Sie vor Blitz-Überfällen gewarnt. Besonders im dichten Verkehr oder auch an Ampeln, wo Sie anhalten müssen, werden manchmal Autotüren geöffnet oder Scheiben eingeschlagen. Die Täter versuchen dabei, Ihnen Wertgegenstände aus der Hand zu reißen oder auch von der Rückbank zu nehmen. Bitte lassen Sie demnach keine Wertgegenstände im Auto liegen, die von außen direkt sichtbar sind, verriegeln Sie Autotüren von innen und halten Sie die Fenster geschlossen.

Derzeit häufen sich die Fälle, in denen Touristen

wegen geringer Geschwindigkeitsübertretungen in Polizeikontrollen geraten und die Zahlung einer sehr hohen Geldstrafe auf dem Polizeirevier verlangt wird. Halten Sie sich daher bitte streng an die vorgeschriebenen Geschwindigkeitsbeschränkungen und auch an alle anderen Verkehrsregeln. Wenn Sie als Autofahrer von einem Polizisten angehalten werden, fragen Sie den Polizisten nach seinem South Africa Police Service Ausweis und schreiben Sie sich den Namen und die Ausweisnummer auf. Falls Sie sich regelwidrig im Straßenverkehr verhalten haben und der Polizist schreibt Ihnen ein Strafmandat aus, so sind Sie nicht verpflichtet, diese Strafe in bar zu bezahlen. Strafzettel werden nur über Autofirmen abgerechnet. Wenn der Beamte Ihnen dieses Recht verweigert, fahren Sie bitte sofort zur nächsten Polizeistation.

Auf manchen Autobahnen müssen Sie Maut bezahlen, um diese zu befahren, diese sind durch ein „T" markiert. Kreditkarten werden für die Bezahlung leider nicht akzeptiert. Die Gebühren müssen in bar beglichen werden. Die Kosten können sich zwischen 5 und 20 Rand je nach Streckenabschnitt belaufen.

Tankstellen finden Sie sehr häufig an den

Autobahnen, diese sind auch in der Stadt sehr oft anzutreffen. Benzin kann per Kreditkarte oder bar bezahlt werden. Die Öffnungszeiten sind meist von 07:00 bis 18:00 Uhr. Große Ketten der Anbieter, wie Shell, haben 24 Stunden für Sie geöffnet. In Südafrika hilft Ihnen der Tankwart gern und Sie müssen nicht selbst tanken. Teilen Sie dem Mitarbeiter, der auf Sie zukommt, mit, wie viel Sie tanken möchten, er wird es für Sie erledigen. Ein Trinkgeld von 2 bis 5 Rand ist für diesen landesüblichen Service angemessen. Es empfiehlt sich, jedes Mal den Reifendruck messen zu lassen, da vor allem bei ländlichen Straßen mit vielen Schlaglöchern immer Reifendruck entweicht.

Allgemeine Hinweise und Tipps

WASSERKNAPPHEIT AM KAP

In Kapstadt hat es in den vergangenen Winter-monaten zu wenig geregnet, dadurch herrscht in der Kap-Region akute Wasserknappheit. Im Großraum Kapstadt herrscht große Dürre seit 100 Jahren. Aus diesen Gründen sind Einheimische ange-halten, Wasser zu sparen, genauer gesagt herrschen strenge Verbrauchsbeschränkungen. Pro Kopf soll der tägliche Verbrauch auf 50 Liter reduziert wer-den. Vergleichbare Ziele gelten für die lokale

Industrie und den Handel.

Auch für Touristen können diverse Einschränkungen zum Tragen kommen, hierzu einige Beispiele:

Bei den Duschen wird teilweise der Wasserdruck gesenkt.

Es kann vorkommen, dass Saunen und Dampfbäder in Unterkünften geschlossen bleiben.

Pools werden entleert und die Stöpsel für die Badewanne entwendet.

Auf öffentlichen Toiletten steht anstelle von Seife nun häufig Desinfektionsmittel für Hände zur Verfügung.

Es ist verboten, Gärten und Rasenflächen zu bewässern, deswegen wundern Sie sich nicht über vertrocknete Grünflächen.

Mit der Kampagne „Save like a local" werden auch Besucher bzw. Touristen auf den Wassermangel aufmerksam gemacht und gebeten, sich sensibel zu verhalten. Dies geschieht unter anderem mit großflächigen Hinweisen in mehreren Sprachen am Flughafen sowie Fahnen und Bannern im Stadtzentrum und an der Waterfront. Folgende Tipps können zum sparsamen Umgang mit Wasser beitragen:

Wasserhahn abdrehen: Viele Menschen lassen den Wasserhahn geöffnet, während sie sich die Zähne putzen oder sich rasieren. Pro Minute werden so leicht 6 Liter Wasser verschwendet, die sich leicht einsparen lassen, wenn man den Wasserhahn so häufig wie möglich zudreht.

Kürzer duschen: Eine 8-minütige Dusche verbraucht rund 120 Liter Wasser. Wer kürzer duscht und den Wasserdurchfluss reduziert, kann diesen Wert deutlich verringern.

Wäscheaufkommen reduzieren: Die mehrfache Verwendung von Handtüchern trägt erheblich dazu bei, den Wasserverbrauch zu reduzieren. Wer zudem darauf verzichtet, den Wäschereinigungs-Service im Hotel in Anspruch zu nehmen, spart noch mehr, denn in der Regel wird die Gästewäsche separat gewaschen, auch wenn es nur wenige Teile sind.

Trinkflaschen verwenden: Die Herstellung einer Plastikflasche verbraucht die 6-fache Menge an Wasser gegenüber dem späteren Inhalt der Flasche. Wer Trinkflaschen benutzt und immer wieder neu befüllt, spart damit nicht nur Wasser, sondern auch Geld.

Auf ein Bad verzichten: Nehmen Sie lieber eine

kurze Dusche und helfen Sie so den Einheimischen. Das Bad kann Zuhause wieder auf Sie warten.

Eimer in der Dusche: In vielen Hotels werden Ihnen Eimer zur Verfügung gestellt, um das Wasser, welches bei der Dusche in den Abfluss fließt, aufzufangen. Dieses Wasser können Sie anstelle der Toilettenspülung verwenden, wenn Sie nur Ihr „kleines Geschäft" erledigt haben.

Die Stadt arbeitet nicht nur mit Maßnahmen zur Verringerung des Wasserverbrauchs, sondern investiert auch in neue Wasserquellen. Durch Entsalzungsanlagen wird das Wasser aus dem Meer auch für den menschlichen Konsum aufgearbeitet und kann hoffentlich bald verwendet werden.

WETTER

Das Wetter in Kapstadt ist gegensätzlich zu dem Wetter in Deutschland. Herrschen in Deutschland kühle, nasse Temperaturen, so ist es in Kapstadt sommerlich warm. Da Deutschland auf der Nordhalbkugel liegt und Kapstadt auf der Südhalbkugel der Erde sind die Jahreszeiten genau gegensätzlich. Wenn Sie also dem deutschen Winter entfliehen möchten und lieber ein Jahr die Sonne genießen möchten, wäre Kapstadt ein super Reiseziel von Dezember – Februar.

Die Monate Dezember, Januar und Februar zählen in Kapstadt zu den besten Reisezeiten, da hier hohe, sommerliche Temperaturen herrschen und der Niederschlag sehr gering ist. Die Tagestemperaturen bewegen sich zwischen 25 und 27 Grad, also auch für Europäer sehr angenehme Temperaturen. In Kapstadt wird es das ganze Jahr über nicht sehr heiß, so wie man es von Afrika vielleicht kennt. Durch die Lage an der Küste herrscht hier immer ein frischer Wind, der die Temperaturen sehr angenehm wirken lässt. Die Sonne scheint in dieser Jahreszeit bis zu 11 Stunden am Tag, somit können Sie an einem Tag viel erleben, bis es wieder dunkel wird.

Nachts kühlt es sich im Sommer relativ weit ab, 15 bis 16 Grad sind es nachts in Kapstadt. Eine gute Temperatur, um gut zu schlafen und fit für den nächsten Tag zu sein. Monate wie Oktober, November, März und April liegen zwar schon außerhalb des südafrikanischen Sommers und werden eher als Herbst und Frühling bezeichnet, sind aber dennoch gute Monate zum Reisen nach Kapstadt.

Hier liegen die Temperaturen zwischen angenehmen 23 und 25 Grad am Tag und abends kühlt es sich bis auf 12 Grad ab. Auch die Sonne zeigt sich hier noch 8 bis 10 Stunden am Tag, somit lässt der Frühling bzw. der Herbst auf jeden Fall auch noch einen Strandtag zu. Da es, wie Sie eben bereits gelesen haben, in Kapstadt sehr selten regnet, sollten Sie sich von den wenigen Regentagen nicht abschrecken lassen. Zu beachten ist, dass in den Monaten Dezember, Januar und Februar auch die Einheimischen sehr gerne Urlaub im Kapstadt machen. Die Kinder haben Ferien und die Familien möchten ihren Sommerurlaub genießen. Für viele ist Kapstadt ein häufiges Ziel. In dieser Zeit kann es also zu erhöhtem Warten, vollen Hotels und Restaurants, wie auch zu erhöhten Preisen in Hotels kommen. Wenn Sie den Urlaub eher für den kleinen Geldbeutel planen, dann bieten sich die Monate April, Mai, Juni, Juli und August an. Hier müssen Sie zwar mit kühleren Temperaturen und auch unbeständigem Wetter rechnen, allerdings können Sie zu dieser Zeit mit etwas Glück einen sehr günstigen Flug buchen und die Übernachtungskosten sollten ebenfalls deutlich günstiger sein. Darüber hinaus bietet sich diese Zeit sehr gut für eine Safari an. Dadurch, dass es nicht so heiß ist, sind sehr viele Herden unterwegs und ruhen sich nicht aus. Ebenfalls ist der Jagdtrieb der Löwen und Geparden zu dieser Jahreszeit deutlich größer als bei höheren Temperaturen. Insgesamt gibt es also immer eine gute Reisezeit, es kommt ganz darauf an, was Sie in Kapstadt und der Umgebung erleben möchten.

MEHRWERTSTEUER

Für bewegliche Waren, die insgesamt mehr als 250 Rand gekostet haben, können Sie die Mehrwertsteuer von 14 Prozent zurückerhalten. Dazu muss aber eine „Tax invoice" vorliegen, also eine Rechnung, auf der die Steuer ausgewiesen ist. Bei Beträgen über 5.000 Rand müssen Ihr Name und Ihre

Adresse angegeben sein. Am Flughafen werden die Waren und Rechnungen präsentiert, im VAT Refund Office wird dann der Rückerstattungsbetrag dokumentiert. Es dauert aber Tage bis Wochen, bis das Geld angewiesen ist. Planen Sie also genug Zeit ein!

POST

Postkarten, die nach Europa verschickt werden sollen, kosten 7,25 Rand, ein Brief bis 10 g 8,40 Rand. Die Dauer der Versendung beträgt fünf bis 14 Tage, wenn der Luftpostaufkleber nicht vergessen wurde.

PREISE & WÄHRUNG

Die heimische Währung in Südafrika bezeichnet man als „Rand". Heben Sie am besten erst Geld ab, sobald Sie angekommen sind, da es an den Automaten günstiger ist, als in Deutschland Geld zu wechseln. Am besten hebt man einfach Geld ab – mit der Visa- / Master Card oder der EC-Karte, wenn der Automat das Maestro-Zeichen hat. Kreditkarten werden akzeptiert und sind gängiges Zahlungsmittel. Manchmal gibt es Probleme mit Master Cards, Visa funktioniert immer.

STROM

Die Netzspannung beträgt 220 Volt Wechselstrom, 50 Hertz. Beachten Sie, dass häufig ein Zwischenstecker benötigt wird, speziell für Südafrika (wird in Hotels angeboten bzw. gibt es in jedem Supermarkt zu kaufen).

TELEFON & HANDY

Alle Telefonnummern in Südafrika sind zehnstellig, die Ortsvorwahl inklusive der Null ist fester Bestandteil der Nummer und muss auch bei Inlandsgesprächen immer mitgewählt werden. Nur bei Gesprächen aus dem Ausland lassen Sie nach der Landesvorwahl diese Null weg. An den Flughäfen kann man in den Läden der Mobilfunkanbieter SIM-Karten leihen und mit Guthaben aufladen. Falls die Registrierung zu kompliziert ist, versucht man es an kleinen Elektro-Kiosken in den Großstädten, die oft von Indern oder Pakistanis geführt werden. Telefonguthaben kann man u. a. in Supermärkten und

Tankstellen kaufen.

ZEITUNTERSCHIED

Ist in Europa Sommerzeit und in Südafrika Winter, herrscht Zeitgleichheit. Im Winter stellen wir Deutschen die Uhr allerdings eine Stunde zurück, demnach ist uns Südafrika dann eine Stunde voraus.

Ziele in der Umgebung

DIE WEINREGION STELLENBOSCH – PAARL – FRANSCHHOEK

Nach Lust und Laune bietet sich ein Tagesausflug in das nahegelegene Kap-Weinland an, die sogenannten „Cape Winelands", die Weinregion Stellenbosch – Paarl – Franschhoek direkt vor Kapstadt. Hier finden Sie einige der Weingüter Südafrikas, die zu den Besten zählen. Die Weine sich mittlerweile auf der ganzen Welt bekannt und werden auch in Europa immer beliebter. Wenn Sie mehr über die Herstellung von Weinen erfahren oder den einen oder anderen gern probieren möchten, bieten sich Kellerführungen an. Viele der Weingüter bieten Ihnen diese Möglichkeit. Denken Sie aber daran, bei Verköstigungen das Auto stehenzulassen.

Dem Weinbau liegt eine lange Geschichte in Südafrika zugrunde. Am 7. April 1652 fand Jan van Riebeeck heraus, dass der südafrikanische Boden in der Tafelbucht sich sehr gut eignen würde, um Wein anzubauen. Die ersten Rebstöcke kamen per Schiff nach Frankreich. Der erste Wein wurde 1659 gekeltert. 1679 wurde Stellenbosch als weiteres Weinanbaugebiet entdeckt und die Weinpflanzung begonnen.

STELLENBOSCH

Mit der Gründung im Jahr 1679 ist Stellenbosch die zweitälteste Stadt des Landes. Durch den südafrikanischen Weinanbau wurde die historische Ortschaft bekannt. Noch heute ist die Innenstadt von Stellenbosch gut erhalten geblieben. Alle anderen Siedlungen, die während der Zeit der niederländischen Ostindien-Kompanie gegründet wurden, sind nicht mehr so gut erhalten wie Stellenbosch. Stellenbosch ist sehr historisch. Im Zentrum finden Sie 60 Gebäude, die unter Denkmalschutz stehen. Die meisten stehen in der Dorp Street, hier sind auch viele historische Häuser gebaut, die man heute noch ansehen kann. Der Reichtum an historischer Bausubstanz sowie der Ortskern mit zahlreichen Boutiquen, Cafés, Bars und Restaurants machen die Stadt zu einem beliebten Reiseziel für Jung und Alt.

Außerhalb der Stadt, an der „Stellenbosch Weinroute", reihen sich Top-Weingüter wie die Perlen einer Kette aneinander. Oft liegen die Grundstücke der Winzer idyllisch zwischen den weiten Weinfeldern. Sie können hier nicht nur die Weine verkosten oder auch an Kellertouren teilnehmen, Sie haben auch die Möglichkeit im winzereigenen Restaurant hervorragend essen zu gehen oder ein Picknick auf dem Anwesen zu genießen. Wenn Sie Käse und Oliven oder frisch gebackenes Brot lieben, können Sie die lokal hergestellten Produkte ebenfalls probieren oder kaufen.

Das schöne und moderne Weingut „Tokara" am Helshoogte Pass bietet neben hervorragenden Weinen eine atemberaubende Aussicht auf die Berge. Neben Weinproben bietet das Gut auch

Verköstigungen seines Olivenöls an. Für den kulinarischen Genuss sorgen das familienfreundliche Bistro „Delicatessen" und das gehobene „Fine-Dine-Restaurant". Hier werden ausgefallene und raffinierte Gerichte zu moderaten Preisen angeboten. Vom Restaurant haben Sie eine der wohl besten Aussichten im gesamten Weinland, bei schönem Wetter sollten Sie daher unbedingt draußen sitzen. Die Weinprobe kostet 100 Rand pro Person, die Olivenöl-Verköstigung ist kostenfrei. Verkostungen werden Montag bis Freitag zwischen 09:00 und 16:30 Uhr angeboten. Samstag und Sonntag ab 10:00 Uhr. Das Bistro öffnet täglich um 09:00 Uhr und schließt um 15:30 Uhr. Freitags kann man auch Abendessen bis 22:00 Uhr.

PAARL

Sie sind noch auf der Suche nach weiteren Weingütern und möchten, dass diese auch zu den Besten zählen? Rund um den Ort Paarl finden Sie auf jeden Fall einige davon, allen voran das bekannte Gut Nederburg, das größte Weingut Südafrikas. Nederburg wurde 1792 von deutschen Auswanderern gegründet und erzeugt heute eine kaum noch zu zählende Fülle an Weinen vom einfachen Riesling bis zum legendären „Edelkeur" oder „Private Bin". Diese bekannten Weine können Sie lediglich auf der berühmten Nederburg-Auktion kaufen. Die ersten Nederburg-Weine wurden 1937 abgefüllt und heute findet man das Nederburg-Label überall auf der Welt. Jährlich werden über 10 Millionen Flaschen von diesem Betrieb erzeugt. Trotz dieser großen Mengen soll die Qualität nicht vernachlässigt werden und die gesamte Palette überzeugt von großartiger Qualität. Der jetzige Winzer Newald Marais setzt die Tradition von Günther Brözel fort, wie z. B. den Ausbau von edelfaulen Trauben zu Süßweinen, ähnlich der Trockenbeerenauslese. Diese Weine findet man dann in sehr guten Restaurants oder im Handel wieder. Nebenburg ist täglich (außer Weihnachten und Ostern) für Weinproben werktags ab 09:00 bis 17:30 Uhr und am Wochenende ab 10:00 bis 15:30 Uhr geöffnet. Es gibt verschiedene Proben zur Auswahl, Preise ab 35 Rand pro Person.

Das „Fairview"-Weingut an der Suid-Agter-Paarl Road gehört zu den Weingütern, die in der Region Paarl am meisten besucht werden. Das liegt nicht nur an den guten Weinen, sondern vor allem auch daran, dass es ein Familiengut ist und hier neben Weinen Käse hergestellt wird, vornehmlich aus Ziegen- und Schafsmilch. Bei einem Besuch des Guts können Sie Schafskäse und andere Sorten in Verbindung mit den verschiedenen Weinen des Guts probieren und natürlich auch kaufen. Die Wein- und Käseproben werden täglich ab 09:00 bis 17:00 Uhr angeboten und kosten jeweils 40 Rand pro Person. Sie können aber auch ein exklusives Beryl Back Master Tasting für 80 Rand pro Person buchen.

Die benachbarte „Spice Route Winery" bietet neben verschiedenen Weinproben eine Reihe weiterer interessanter Aktivitäten, sodass Sie für einen Besuch gut zwei Stunden einplanen sollten. Werfen Sie beispielsweise einen Blick in die Glasbläserei. Hier werden modische Artikel aus farbigem Glas hergestellt. Wenn Sie schon mal immer wissen wollten, wie Artikel aus farbigem Glas herstellt werden, haben Sie während des Tages oft die Gelegenheit, den Glasbläsern bei ihrer Arbeit über die Schulter zu schauen. Das Restaurant „La Grapperia" liegt nur einen Katzensprung entfernt. Tapas, Pizza und Flammkuchen zählen zu den absoluten Spezialitäten und sind sehr zu empfehlen. Genießen Sie Ihr Glas Wein bei wunderschöner Aussicht unter alten Eichenbäumen und erholen Sie sich in angenehmer Atmosphäre. Ein weiterer Höhepunkt versteckt sich im Nebenhaus – die „Wilderer Distillery". Hier können Sie manch hochwertige Edelschnäpse probieren oder auch eine Probe des weltbesten Grappa aus Südafrika vornehmen. Viele dieser Erzeugnisse wurden mit Gold- und Doppel-Goldmedaillen ausgezeichnet.

Sind Sie der absolute Schokoladenfreund? Dann kommen Sie im Schokoladengeschäft "De Villiers Artisan Chocolate" auf Ihre Kosten. Probieren Sie hier handgefertigte Pralinen erster Klasse. Nur ein kurzer Fußweg führt Sie weiter zur „Cape Brewery Company", die eine große Anzahl und Auswahl an Bieren und Halbbieren mit hochwertigen Zutaten produziert. Die verschiedenen Biersorten werden von hochqualifizierten Braumeister Wolfgang Ködel gebraut. Wenn Sie schon immer mal sehen wollten, wie das Bier gebraut wird, können Sie sich als Bierliebhaber den Maschinenpark der Brauerei näher anschauen und ein Bier auf seiner langen Reise begleiten. Natürlich dürfen Sie danach verschiedene Biersorten frisch vom Fass testen.

Tipp: Runden Sie das Biererlebnis mit einer herzhaften Biltong-Probe von Kudu, Rind und Springbock ab. Biltong ist die Bezeichnung für luftgetrocknetes Rind- und Wildfleisch – eine beliebte Spezialität der südafrikanischen und namibischen Küche.

FRANSCHHOEK

Einen längeren Besuch wert ist das Weingut „Boschendal" auf der Helshoogte Pass Road R 310. Das 3.500 Hektar große Gut liegt am Eingang zum Franschhoek Tal zwischen dem Simonsberg und den Groot Drakenstein Bergen und zählt zu den ältesten Weinfarmen Südafrikas. Das über 300 Jahre alte Weingut mit rund 400 Hektar Weinanbaufläche wurde von Hugenotten gegründet und ist bis heute eines der größten und edelsten Gebiete des Landes geblieben. Boschendal setzt, dank langjähriger Erfahrung und ökologischer Integrität, neue Maßstäbe bei der Herstellung von klassischen, fruchtigen Premiumweinen. Dabei sind der Reserve Shiraz und der Sauvignon Blanc die großen Aushängeschilder des Gutes. Lohnend ist die Besichtigung des ehrwürdigen und aufwendig restaurierten Herrenhauses, eine Weinprobe und ein Spaziergang durch die wunderschön angelegte Parkanlage gehören zu einem Besuch dazu. Es werden auch verschiedene Touren durch den Keller oder Weingärten angeboten. Wer Appetit verspürt kann im Farmshop & Deli leckere Kleinigkeiten bestellen oder sich im „Werf Restaurant" zu Tisch setzen. Im Sommer können Sie in zwei verschiedenen Bereichen des Gutes ein gemütliches Picknick unter prunkvollen Eichen- und Pinienbäumen genießen. Ein Picknickkorb muss mindestens 24 Stunden im Voraus bestellt werden, besser sind 3 bis 5 Tage, wobei Sie aus verschiedenen Optionen wählen können. Die Picknickkörbe für 2 Personen kosten – je nach Option – zwischen 430 Rand und 480 Rand.

Das Weingut bietet täglich zwischen 10:00 und 18:00 Uhr verschiedene Weinproben an, geführte Kellertouren finden an Wochentagen (außer in der Erntezeit) zwischen 11:00 und 15:00 Uhr statt. Die Preise der verschiedenen Weinproben liegen bei 30 Rand bis 60 Rand pro Person. Das Restaurant ist täglich zum Mittag- und Abendessen geöffnet.

Am Fuße des Franschhoek Passes befindet sich

das gut „Haute Cabrière". Dieses Weingut mit 11 Hektar Weinanbaufläche steht unter der Leitung des bekannten deutschen Winzers Achim von Arnim. Vorrangig setzt Haute Cabrière auf den Anbau von Chardonnay und Pinot Noir und die Winzer konzentrieren sich gezielt auf die Herstellung herausragender Schaumweine. Bekannte Beispiele für die Winzerkunst sind zum einen der „Pierre Jourdan Blanc de Blancs", der sein eigenständiges Aroma durch die Verwendung von Chardonnay erlangt, und zum anderen der „Pierre Jourdan Brut", der durch die Hinzugabe von Pinot Noir veredelt ist. Haute Cabrière stellt sämtliche Schaumweine nach der klassischen Flaschengärung her, in Südafrika auch Méthode Cap Classique genannt.

Lassen Sie sich auf eine spannende Tour durch den Weinkeller einladen, bei denen die Besucher einen Einblick in die innovative Kellertechnik bei Haute Cabrière erhalten. Eine mehrgeschossige Anlage befördert den Wein ohne jeglichen Einsatz von Pumpen durch natürliches Gefälle von der Traube bis ins Fass. Ein effizienter und vor allem schonender Vorgang, der dem Wein während des Herstellungsprozesses nur zugutekommt. Obendrein bietet der Altmeister Achim von Arnim an Samstagen höchstpersönlich herzhafte Weinproben und Kellertouren an. In traditioneller Manier entkorkt er die Sektflasche stilecht mit einem Säbel, wie es vor geraumer Zeit schon seine Vorfahren ausübten. Das hervorragende Restaurant sorgt zudem für kulinarische Attraktionen. Wine und Food Pairings sind perfekt aufeinander abgestimmt und sind dadurch absolut zu empfehlen.

Das Weingut ist Montag bis Freitag ab 09:00 Uhr bis 17:00 Uhr geöffnet, samstags und an Feiertagen ab 10:00 bis 16:00 Uhr und sonntags ab 11:00 Uhr bis 16:00 Uhr. Geführte Kellertouren finden werktags um 11:00 Uhr statt.

Tipp: Entdecken Sie die Franschhoek Weinregion mit der „Wine-Tram". Die Wine-Tram stellt eine sehr interessante Touristenattraktion dar. Die historische Bahn aus dem Jahr 1890, wurde vor Kurzem in ihrem Betrieb wieder aufgenommen. Sie verkehrt auf vier verschiedenen Linien – die BLUE LINE, GREEN LINE, YELLOW LINE und die RED LINE. Damit verbindet sie die jeweils acht erstklassigen Weingüter miteinander und gibt den Gästen zudem viele Informationen über die Region. Die Tram verwendet ein ähnliches System wie der Sightseeing Bus. Auch hier können Sie an insgesamt acht Stationen, die per Tram-Bus und Tram-Bahn angefahren werden, aussteigen. Nun haben Sie die Möglichkeit, sich das Gut anschauen oder eine Pause einzulegen. Natürlich können Sie auch Weine verkosten und essen gehen. Die Tram-Bahn fährt im Stundentakt. Gerade, wenn Sie Alkohol probiert haben, ist die Bahn bzw. die Tram eine gute und vor allem sichere Möglichkeit, weitere Güter besuchen zu können und auch noch den einen oder anderen Wein zu verkosten.

SIMON'S TOWN

Simon's Town ist ein gutaussehendes, kleines Marine-Städtchen mit viktorianischen Häusern und maritimen Charme. Die Restaurants und Cafés in der „Quayside Waterfront" mit Hafenblick laden Sie zum Entspannen und Verweilen ein.

Die wohl größte Attraktion in Simon's Town ist die Kolonie der Afrikanischen- bzw. Brillen-Pinguine am Boulder's Beach, der Sie einen Besuch abstatten können. Das Schutzgebiet am Boulder's Beach ist die

Heimat von rund 2.100 Pinguinen, die hier einen sicheren Lebensraum gefunden haben. Innerhalb des eingezäunten Geländes sind erhöhte Holzstege errichtet, auf denen man das gesamte Gebiet erreichen kann und einen schönen auf die drolligen Tierchen erhält.

Tipp: Im südlichen Teil des Naturreservats, im Bereich der Granitfelsen, gibt es ein kleines Strandbad, wo man sich frei bewegen, den Pinguinen nähern und sogar mit ihnen schwimmen kann.

Der Eintrittspreis zum Boulder's Pinguin Reservat beträgt 75 Rand pro Erwachsenen. Die Eintrittsgebühr für das Strandbad ist mit der Gebühr für den Besuch der Kolonie abgegolten – bitte heben Sie den Beleg auf. Das Boulder's Reservat ist zwischen Oktober und März von 08:00 bis 18:30 Uhr geöffnet.

HERMANUS

Hermanus, bekannt als die „Walhauptstadt der Welt", ist auf jeden Fall ein Besuch wert. Die Bucht wird in der Zeit zwischen Juli und November von südlichen Glattwalen heimgesucht und ist deswegen ein toller Ort, um die großen Meerestiere zu beobachten. Die Wale nehmen jedes Jahr wieder die lange Strecke von bis zu 8.000 Kilometer aus den Gewässern der Antarktis auf sich, um an das Kap zurückzukehren. In der Bucht haben die Tiere die Ruhe, um sich zu paaren und ihre Kälber zu gebären. Das Besondere an Hermanus ist, dass die Meeressäuger bis auf nur wenige Meter an die Klippen herankommen. An keinem anderen Ort sonst auf der Welt können Sie Wale so nah am Strand schwimmen sehen wie in Hermanus! Jedes Jahr zu dieser Jahreszeit sind die Klippen voll mit Touristen. Viele gut platzierte Aussichtspunkte mit Sitzbänken und Ferngläsern sind über 15 km mit Hilfe von einem angelegten Klippenpfad zu finden.

Hermanus ist sehr luxuriös und speziell, da viele sich eine Unterkunft während der „Wal-Zeit" nicht leisten können. Aus diesem Grund gibt es in Hermanus auch eine ganze Menge Boutiquen zum

Bummeln. Besuchen Sie zum Beispiel die „Village Square" und den Kunstmarkt im Ortszentrum beim Alten Hafen. Hier können Sie auch ein Restaurant und Cafés mit Blick aufs Meer besuchen. Hermanus bietet zudem wunderbare Strände und gehört damit zu den prominentesten und ältesten Seebädern in Südafrika. Besonders beliebt sind die Strände Voelklip, Onrus, Kammabaai und Langbaai. Der schönste Strand in Hermanus, ausgezeichnet mit dem „Blaue Flagge"-Status, ist der Grotto Beach außerhalb von Hermanus in Richtung Stanford. Etwa 500 m östlich des Grotto Beach befindet sich die flache Klein River Lagune, die sich mit angenehmen Wassertemperaturen im Sommer zum Planschen eignet. Denn Achtung: Badetemperaturen sind in Hermanus eigentlich das ganze Jahr über nicht, da die Entfernung zur Antarktis nicht sehr weit ist, ist auch das Wasser im Sommer sehr kalt, da die Gletscher der Antarktis schmelzen und das eiskalte Wasser bis an die Küste fließt.

Wanderfreunde kommen bei einem Ausflug ins 1.800 Hektar große Fernkloof Naturreservat in den Kleinrivier Mountains auf ihre Kosten. Hier werden Sie durch einen wunderbaren Panoramablick auf

Hermanus und die Walker Bay überrascht. Die insgesamt 50 Kilometer langen Wege im Fernkloof sind gepflegte, schmale Pfade, die zumeist einfach zu begehen sind. Feste Schuhe sind dennoch von Vorteil, es geht doch fast überall über Steinstufen oder Geröll. Gipfelstürmer erklimmen den 824 m hohen Aasvoelkop. An vielen Orten finden sich Bänke, an denen man gemütlich eine Pause einlegen kann und von denen man die Aussicht genießen kann.

Wenn Sie mehr Hintergrundwissen über die Meeressäuger wissen möchten, besuchen Sie das „Whale Museum" hinter dem Marktplatz, im „Old-Harbour-Museum" am alten Fischereihafen. Neben der alten Geschichte des Walfangs und der Fischerei der letzten Jahrhunderte erfahren Sie hier eine Menge über Harpunen und das allgemeine Leben der Wale. Das Walmuseum ist täglich von 10:00 bis 15:00 Uhr geöffnet. Der Eintritt beträgt 20 Rand pro Erwachsenen. Mit diesem Ticket erhalten Sie gleichzeitig freien Zutritt zum Fotomuseum und zum alten Hafenmuseum.

Tipp für Abenteuerlustige – Shark Cage Diving

Wollten Sie schon immer einmal einem Hai Auge in Auge begegnen? Sind Sie auf der Suche nach gewissen Nervenkitzel?

In Gansbaai, in dessen Gewässern es von Haifischen nur so wimmelt, haben Sie bei der Teilnahme an „Great White Shark Cage Diving Tour" die einzigartige Möglichkeit, den König der Meere einmal hautnah zu erleben. Die Ursache für die hohe Haidichte ist die rund 12 km vor der Küste gelegene „Dyer Island", die eine Robbenkolonie mit rund 50.000 Tieren beheimatet.

Der Anbieter Marine Dynamics bietet die „Shark Cage Diving" Touren nach Dyer Island täglich an (leider sehr wetterbedingt). Die Tour dauert ungefähr 3 bis 3,5 Stunden. Der Preis pro Erwachsenen beträgt 1.900 Rand.

ADDO ELEPHANT NATIONALPARK

Wenn Sie den Kapstadt-Städte-Trip mit einer Safari kombinieren möchten, müssen Sie leider sehr weit fahren. Es gibt aber mehrmals täglich Flugverbindungen von Kapstadt nach Port Elizabeth. Der Flug dauert lediglich eine knappe Stunde.

Der Addo Elephant Nationalpark wurde im Jahr 1931 errichtet. Grund ist, dass man die Population der Elefanten durch Abschüsse auf elf Dickhäuter reduziert hatte und diese unter Naturschutz standen. Man baute einen geschützten Park von 2.000 Hektar, um diese Tiere zu schützen. Heute wird der Nationalpark staatlich geführt und weist bereits 180.000 Hektar auf. Das Ziel ist erfolgreich gelungen, bereits über 600 erwachsene Elefanten streifen heute durch den Addo und begeistern die Menschen.

Der Park gibt neben den vielen Elefanten aber auch zahlreichen Antilopenarten, Zebras, Gnus, Warzenschweinen sowie Büffeln, ein paar wenige Leoparden, Löwen und den gefährdeten Spitzmaulnashörnern hier ein sicheres Zuhause. Die „Big Five" – die „Großen Fünf", wie Büffel, Löwe, Leopard, Elefant und Nashorn zusammenfassend bezeichnet werden – können Sie mit ein wenig Glück also in diesem Park erleben. Für die Großwildjäger des 19. und frühen 20. Jahrhunderts waren die Big Five am schwersten und vor allem gefährlichsten zu jagen. Im Park ist ein gut ausgebautes Straßennetz, dies bietet Selbstfahrern gute Voraussetzungen, im eigenen Fahrzeug auf Safari zu gehen. Halten Sie Ausschau nach dem seltenen „Dung Beetle", auch Dungkäfer genannt, ein flügelloser Käfer, der emsig

Elefantenmist zu kleinen Bällen rollt und in einem kuriosen Schauspiel rückwärts vor sich herschiebt.

Im Jahr 2002 wurde der Addo Park um den Küstenstrich von Woody Cape sowie die Inseln St. Croix Island und Bird Island erweitert, was ihn zum drittgrößten Nationalpark Südafrikas machte. Der marine Teil des Greater Addo Nationalparks beheimatet die größte Brutkolonie der Kal-Tölpel sowie viele Robben und Pinguine.

Schlusswort

Und was sagen Sie? Haben Sie nun Lust, sich auf den Weg nach Kapstadt zu machen? Wie Sie nun selbst lesen konnten, lohnt sich eine Reise nach Kapstadt immer! Kapstadt hat zahlreiche Sehenswürdigkeiten und Ziele zu bieten. Aber Sie sollten sich nicht nur auf Kapstadt konzentrieren, sondern auch die Ziele in der Umgebung wie insbesondere den Addo Elephant Nationalpark nicht außer Acht nehmen, da Sie selten auf der Welt noch einmal die Chance haben, Safari und eine Millionen-Metropole zusammen zu verbinden. Aber eins steht fest: Wenn Sie nach Südafrika fliegen, ist für jeden etwas dabei, egal, ob jung oder älter, bequem oder sportlich, abenteuerlich oder ruhig. Sie werden Ihre passenden Ziele finden und gerne können wir Ihnen bei der Gestaltung der individuellen Reise behilflich sein.

Gehen Sie noch einmal in sich und überlegen Sie genau, welche Ziele und Attraktionen für Sie am wichtigsten sind. Nur mit einer guten Vorbereitung kann die Reise auch für Sie perfekt werden!

Hoffentlich hat Ihnen dieser Reiseführer nun so manche wichtigen Tipps gegeben, an die Sie auf Ihrer Reise immer denken werden.

Haben Sie Ihre Koffer bereits gepackt und sind Sie nun startklar für die Reise in den südafrikanischen Traum? Wir wünschen Ihnen viel Spaß beim Erkunden von Kapstadt, beim Erklimmen des Tafelberges, egal, auf welche Art und Weise, ob mit der Seilbahn oder zu Fuß mit den Wanderschuhen. Gute, südafrikanische Küche wartet auf Sie, die Sie kulinarisch verwöhnen wird, genauso wie ein leckerer Cocktail am feinen Sandstrand von Camps Bay. Grüßen Sie die Haie und die Robben, wenn Sie den Schritt in den Käfig unter Wasser wagen oder eine entspannte Bootstour aufs Meer in Gansbaai machen oder auch die Elefanten und Löwen – falls Sie einen Safari-Abstecher im Addo National Park machen. Genießen Sie die vielen Nationalparks rund um Kapstadt und lassen Sie die Seele baumeln, auch wenn es so viel zu erleben gibt, denken Sie immer daran, dass es Urlaub ist und Sie sich erholen sollten. Egal, was Sie nun erleben möchten oder werden, eins steht schon jetzt fest: Es wird großartig! Wir wünschen Ihnen auf jeden Fall abenteuerliche Gänsehautmomente, viele großartige Erlebnisse und eine Reise, die Sie nie vergessen werden.

Packliste

Geld & Finanzen

O (evtl.) Auslandswährung
O Bargeld
O Bauchtasche
O Brustbeutel
O Bauchtasche
O EC-Karte
O Kreditkarte
O Notfall-Telefonnummern der Banken
O Portmonee

Hygiene

O Haarbürste / Kamm
O Deo (klein)
O Shampoo
O Kulturtasche
O Sonnencreme
O Taschentücher

O Reise-Zahnbürste und Zahnpasta
O Verhütungsmittel

Kleidung

O Badeklamotten
O Gürtel
O Hosen kurz / lang
O Mütze / Cap / Hut
O Pullover
O Regenjacke
O Schlafanzug
O Socken
O Sonnenbrille
O Sportklamotten / Jogginghose
O T-Shirts
O Unterwäsche

Medikamente

O Blasenpflaster
O Anti-Durchfalltabletten
O Erste-Hilfe-Set

O Fiebertabletten

O Fiebertabletten

O Mückenschutz

O sonstige Medikamente

O Pflaster

O Kopfschmerztabletten

Unterlagen & Papiere

O ADAC Unterlagen

O Adresslisten für Postkarten

O Krankversicherungsnachweis

O Stadtplan

O Führerschein

O Unterlagen für die Unterkunft

O Wasserdichte Hülle für Reiseunterlagen

O Impfausweis

O Mietwagenunterlagen

O Personalausweis

O Reisepass

O Reisetagebuch

O evtl. Studentenausweis

O evtl. Visum
O Zug- / Bahn- / Flugticket

Taschen & Rucksäcke

O Koffer / Trolley / Reisetasche
O Regenhülle für Rucksack
O Rucksack

Schuhe

O Badeschlappen / Hausschuhe
O Schuhe und Wechselschuhe

Sonstiges

O Brille / Kontaktlinsen und Etui
O Buch zum Lesen
O Ohrenstöpsel und Schlafmaske
O Regenschirm
O Reisedecke
O Wasserflasche
O Wörterbuch

Elektronik

O Digitalkamera
O Handy
O Ladekabel
O Kopfhörer
O evtl. Steckdosenadapter
O Power-Bank

Herstellung und Verlag:

BoD – Books on Demand, Norderstedt

ISBN: 9783751902465

1. Auflage

Kontakt: Psiana eCom UG/ Berumer Str. 44/ 26844 Jemgum

Covergestaltung: Fenna Larsson

Coverfoto: depositphotos.com

FSC
www.fsc.org

MIX

Papier aus ver-
antwortungsvollen
Quellen
Paper from
responsible sources

FSC® C105338